Impressum
Verlag: BABADADA GmbH, Nedderfeld 112 , 22529 Hamburg
Geschäftsführer / Verlagsleitung: Harald Hof
Druck: Books on Demand GmbH, In de Tarpen 42, 22848 Norderstedt

Imprint
Publisher: BABADADA GmbH, Nedderfeld 112 , 22529 Hamburg, Germany
Managing Director / Publishing direction: Harald Hof
Print: Books on Demand GmbH, In de Tarpen 42, 22848 Norderstedt, Germany

dividieren
dzielić

186/2

die Tafel
Tablica

das Klassenzimmer
Sala lekcyjna

der Lehrer
Nauczyciel

das Papier
Papier

schreiben
pisać

der Stift
Pisak

der Schreibtisch
Biurko

das Lineal
Liniał

das Buch
Książka

die Schüler
Uczeń

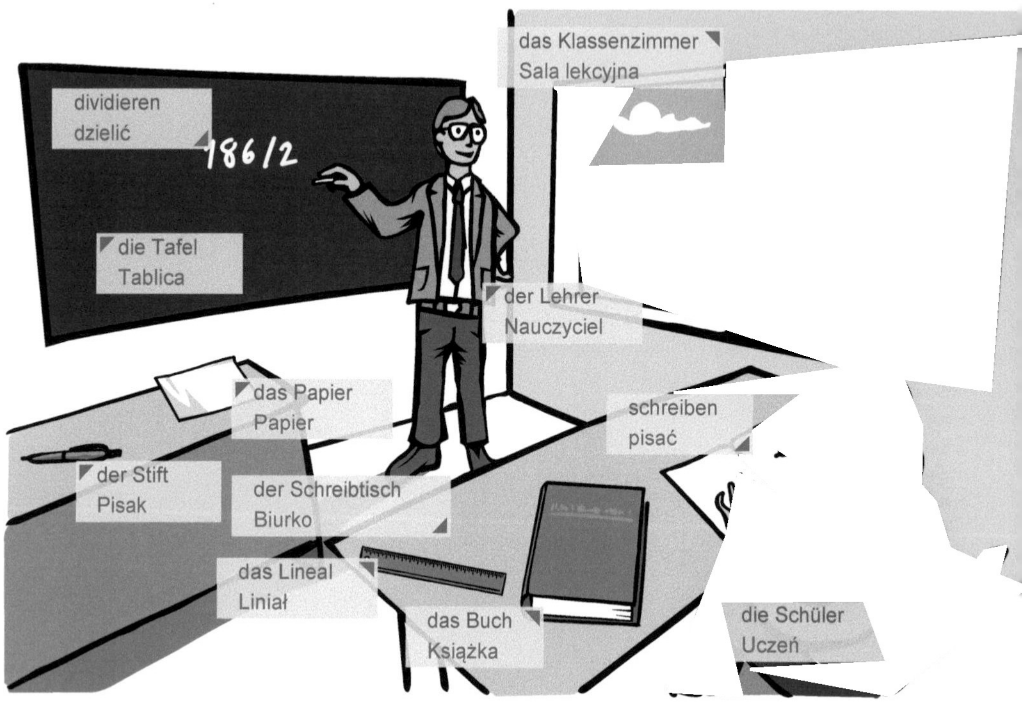

der Ranzen

Plecak szkolny

die Federmappe

Piórnik

der Bleistift

Ołówek

der Bleistiftanspitzer

Temperówka

das Radiergummi

Gumka do mazania

der Zeichenblock

Blok rysunkowy

die Zeichnung

Rysunek

der Pinsel

Pędzel

der Malkasten

Pudełko z akwarelami

die Schere

Nożyce

der Klebstoff

Klej

das Übungsheft

Książka do ćwiczenia

die Hausaufgabe

Zadanie domowe

die Zahl

Liczba

addieren

dodawać

subtrahieren

odejmować

multiplizieren

mnożyć

rechnen

liczyć

der Buchstabe

Litera

das Alphabet

Alfabet

das Wort

Słowo

der Text

Tekst

lesen

czytać

die Kreide

Kreda

die Stunde

Godzina

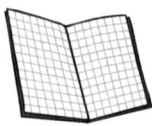

das Klassenbuch

Dziennik lekcyjny

die Prüfung

Egzamin

das Zeugnis

Świadectwo

die Schuluniform

Mundurek szkolny

die Ausbildung

Wykształcenie

das Lexikon

Leksykon

die Universität

Uniwersytet

das Mikroskop

Mikroskop

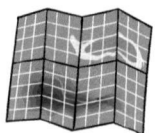

die Karte

Mapa

der Papierkorb

Kosz na odpadki

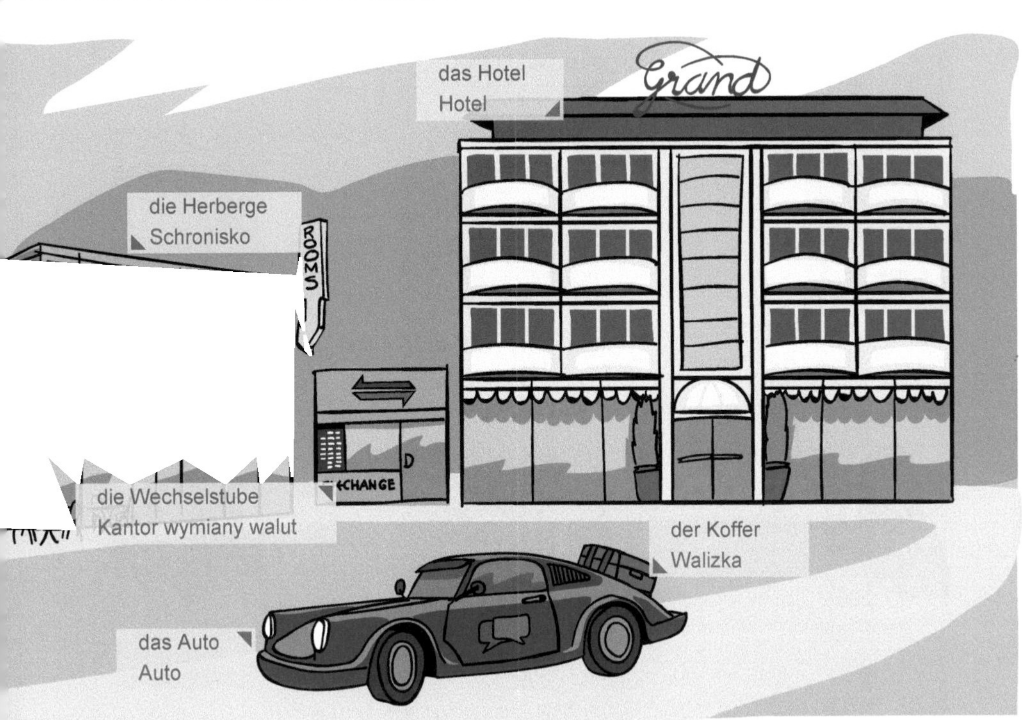

das Hotel
Hotel
Grand
die Herberge
Schronisko
ROOMS
die Wechselstube
Kantor wymiany walut
der Koffer
Walizka
das Auto
Auto

die Sprache
Język

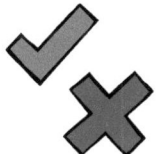

ja / nein
tak / nie

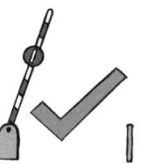

Okay
OK

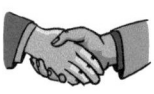

Hallo
Halo

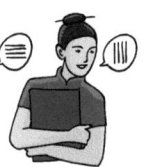

der Übersetzer
Tłumacz

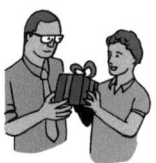

Danke
Dziękuję

Was kostet...?

Ile kosztuje ...?

Ich verstehe nicht

Nie rozumiem

das Problem

Problem

Guten Abend!

Dobry wieczór!

Guten Morgen!

Dzień dobry!

Gute Nacht!

Dobranoc!

Auf Wiedersehen

Do widzenia

die Richtung

Kierunek

das Gepäck

Bagaż

die Tasche

Torba

der Rucksack

Plecak

der Gast

Gość

das Zimmer

Pokój

der Schlafsack

Śpiwór

das Zelt

Namiot

die Reise - Podróż

die Touristeninformation

Informacja turystyczna

der Strand

Plaża

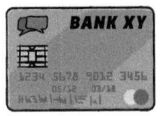

die Kreditkarte

Karta kredytowa

das Frühstück

Śniadanie

das Mittagessen

Obiad

das Abendessen

Kolacja

die Fahrkarte

Bilet

der Fahrstuhl

Winda

die Briefmarke

Znaczek na list

die Grenze

Granica

der Zoll

Cło

die Botschaft

Ambasada

das Visum

Wiza

der Pass

Paszport

Transport

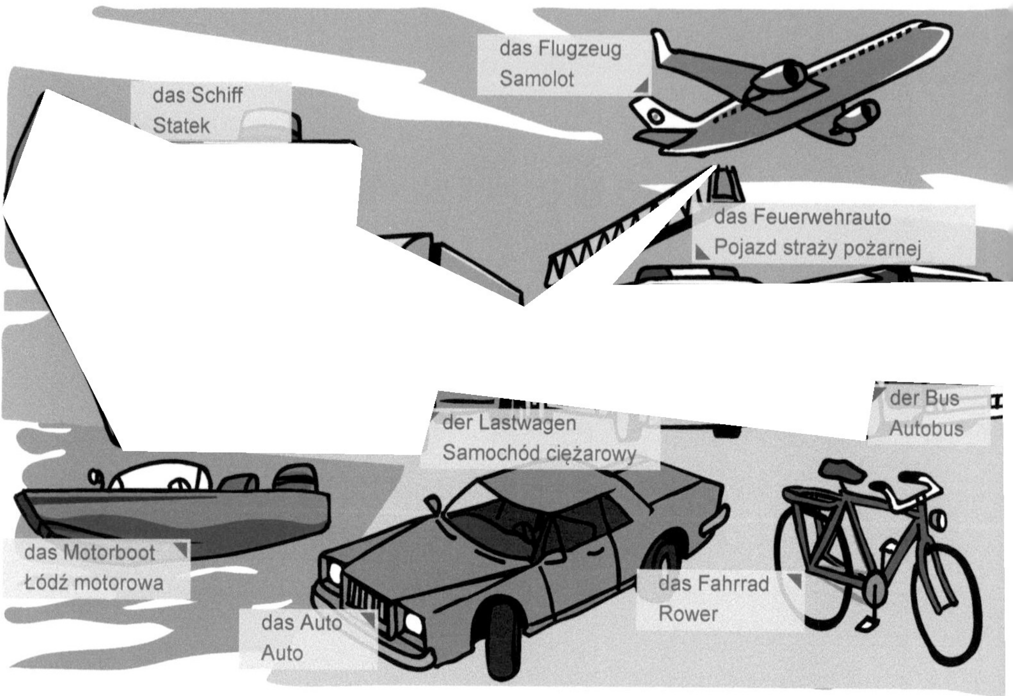
das Flugzeug
Samolot
das Schiff
Statek
das Feuerwehrauto
Pojazd straży pożarnej
der Lastwagen
Samochód ciężarowy
der Bus
Autobus
das Motorboot
Łódź motorowa
das Fahrrad
Rower
das Auto
Auto

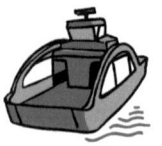

die Fähre

Prom

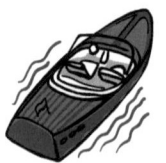

das Boot

Łódź

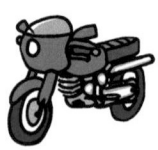

das Motorrad

Motocykl

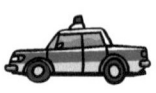

das Polizeiauto

Radiowóz policyjny

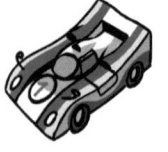

das Rennauto

Samochód wyścigowy

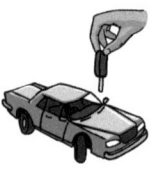

der Mietwagen

Samochód wypożyczony

das Carsharing

Wspólne przejazdy
samochodem

der Abschleppwagen

Samochód pomocy
drogowej

das Müllauto

Śmieciarka

der Motor

Silnik

der Kraftstoff

Benzyna

die Tankstelle

Stacja benzynowa

das Verkehrsschild

Znak drogowy

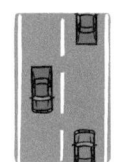

der Verkehr

Ruch

der Stau

Korek

der Parkplatz

Parking

der Bahnhof

Dworzec

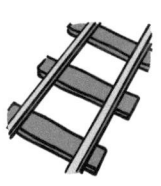

die Schienen

Szyny

der Zug

Pociąg

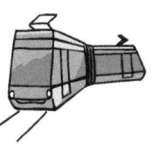

die Straßenbahn

Tramwaj

der Wagon

Wagon

der Helikopter

Helikopter

der Flughafen

Lotnisko

der Tower

Wieża

der Passagier

Pasażer

der Container

Kontener

der Karton

Karton

der Karren

Taczka

der Korb

Kosz

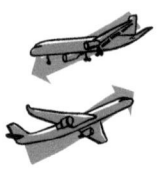

starten / landen

startować / lądować

Miasto

das Dorf

Wieś

das Stadtzentrum

Centrum miasta

das Haus

Dom

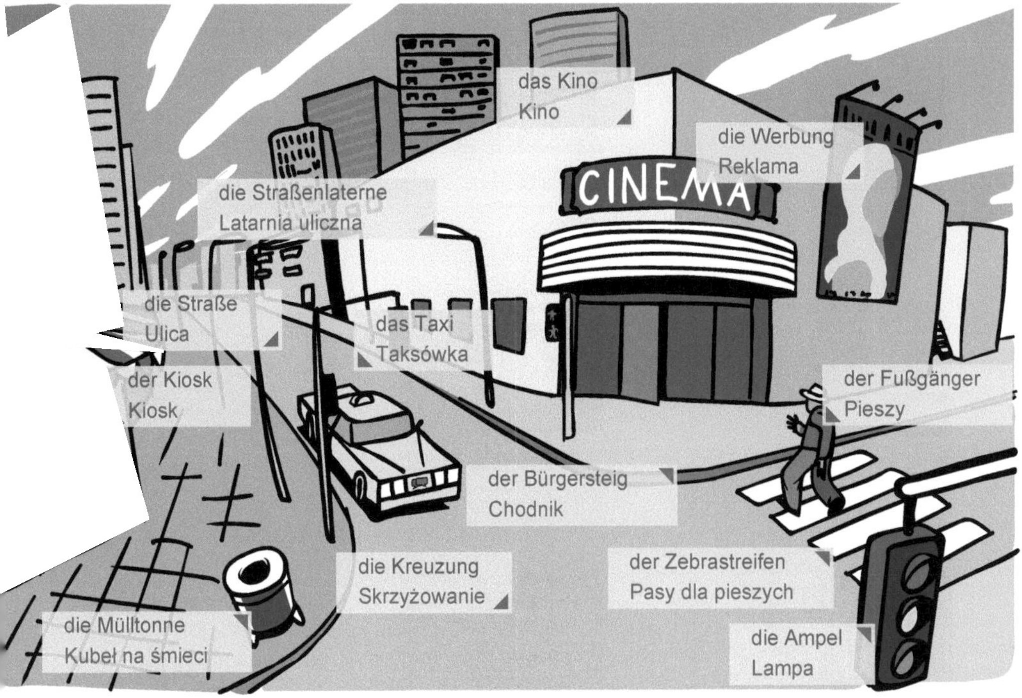

das Kino / Kino

die Werbung / Reklama

die Straßenlaterne / Latarnia uliczna

CINEMA

die Straße / Ulica

das Taxi / Taksówka

der Kiosk / Kiosk

der Fußgänger / Pieszy

der Bürgersteig / Chodnik

die Kreuzung / Skrzyżowanie

der Zebrastreifen / Pasy dla pieszych

die Mülltonne / Kubeł na śmieci

die Ampel / Lampa

die Hütte
....
Chata

die Wohnung
....
Mieszkanie

der Bahnhof
....
Dworzec

das Rathaus
....
Ratusz

das Museum
....
Muzeum

die Schule
....
Szkoła

die Universität

Uniwersytet

die Bank

Bank

das Krankenhaus

Szpital

das Hotel

Hotel

die Apotheke

Apteka

das Büro

Biuro

die Buchhandlung

Księgarnia

das Geschäft

Sklep

der Blumenladen

Kwiaciarnia

der Supermarkt

Supermarket

der Markt

Rynek

das Kaufhaus

Dom towarowy

der Fischhändler

Sklep z rybami

das Einkaufszentrum

Centrum handlowe

der Hafen

Port

der Park

Park

die Bank

Ławka

die Brücke

Most

die Treppe

Schody

die U-Bahn

Metro

der Tunnel

Tunel

die Bushaltestelle

Przystanek autobusowy

die Bar

Bar

das Restaurant

Restauracja

der Briefkasten

Skrzynka na listy

das Straßenschild

Tabliczka z nazwą ulicy

die Parkuhr

Parkometr

der Zoo

Zoo

die Badeanstalt

Łaźnia

die Moschee

Meczet

der Bauernhof

Gospodarstwo chłopskie

die Umweltverschmutzung

Zanieczyszczenie środowiska

der Friedhof

Cmentarz

die Kirche

Kościół

der Spielplatz

Plac zabaw

der Tempel

Świątynia

Krajobraz

das Blatt
Liść

der Wegweiser
Drogowskaz

der Weg
Droga

die Wiese
Łąka

der Stein
Kamień

der Baum
Drzewo

der Wanderer
Wędrowiec

der Fluss
Rzeka

das Gras
Trawa

die Blume
Kwiat

das Tal
Dolina

der Berg
Góra

der See
Jezioro

der Wald
Las

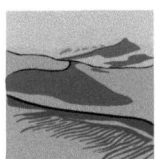

die Wüste
Pustynia

der Vulkan
Wulkan

das Schloss
Zamek

der Regenbogen
Tęcza

der Pilz
Grzyb

die Palme
Palma

der Moskito
Komar

die Fliege
Mucha

die Ameise
Mrówka

die Biene
Pszczoła

die Spinne
Pająk

der Käfer

Chrząszcz

der Frosch

Żaba

das Eichhörnchen

Wiewiórka

der Igel

Jeż

der Hase

Zając

die Eule

Sowa

die Vogel

Ptak

der Schwan

Łabędź

das Wildschwein

Dzik

der Hirsch

Jeleń

der Elch

Łoś

der Staudamm

Tama

das Windrad

Wiatrak

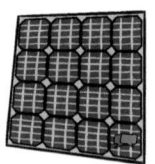

das Solarmodul

Moduł solarny

das Klima

Klimat

Restauracja

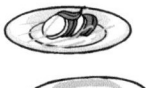

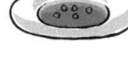

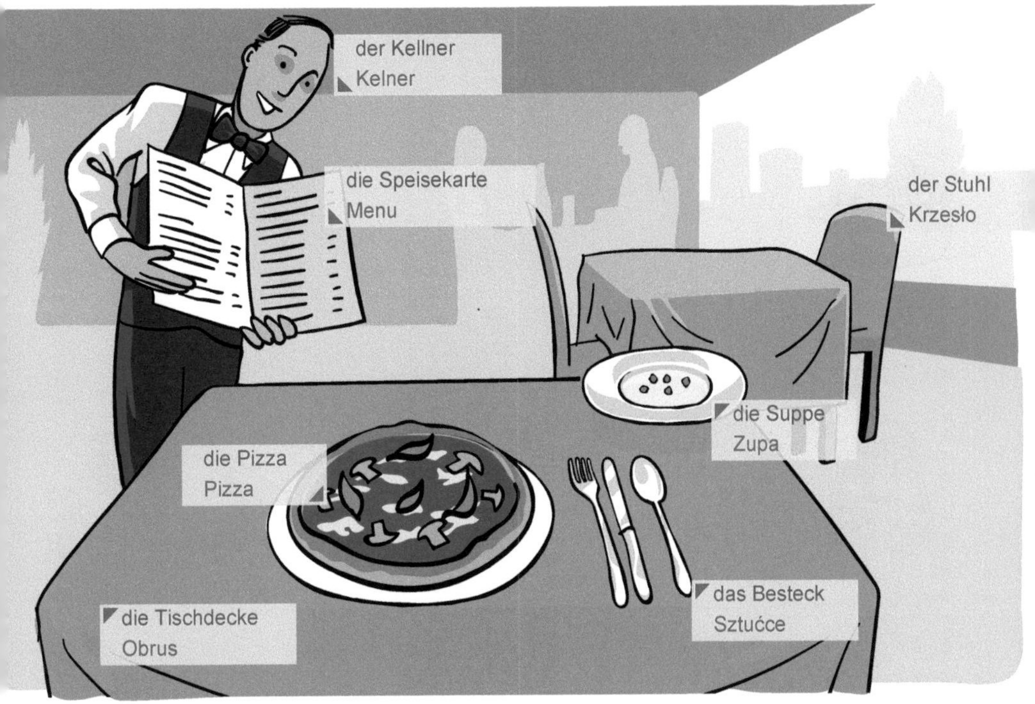
der Kellner
Kelner
die Speisekarte
Menu
der Stuhl
Krzesło
die Suppe
Zupa
die Pizza
Pizza
die Tischdecke
Obrus
das Besteck
Sztućce

die Vorspeise

Przystawka

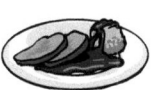

das Hauptgericht

Danie główne

die Nachspeise

Deser

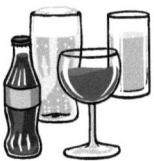

die Getränke

Napoje

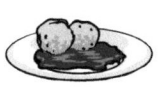

das Essen

Jedzenie

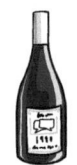

die Flasche

Butelka

das Fastfood

Fastfood

das Streetfood

Streetfood

die Teekanne

Dzbanek na herbatę

die Zuckerdose

Cukierniczka

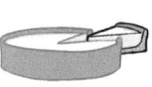

die Portion

Porcja

die Espressomaschine

Zaparzarka do espresso

der Hochstuhl

Krzesło dla dziecka

die Rechnung

Rachunek

das Tablett

Taca

das Messer

Nóż

die Gabel

Widelec

der Löffel

Łyżka

der Teelöffel

Łyżeczka

die Serviette

Serwetka

das Glas

Szklanka

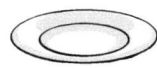

der Teller
Talerz

der Suppenteller
Talerz do zupy

die Untertasse
Podstawek pod filiżankę

die Sauce
Sos

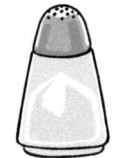

der Salzstreuer
Solniczka

die Pfeffermühle
Młynek do pieprzu

der Essig
Ocet

das Öl
Olej

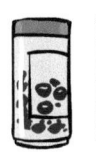

die Gewürze
Przyprawy

das Ketchup
Keczup

der Senf
Musztarda

die Mayonnaise
Majonez

Supermarket

das Angebot
Oferta
FOR
der Kunde
Klient
die Milchprodukte
Produkty mleczne
der Einkaufswagen
Wózek sklepowy

BUTCHERS

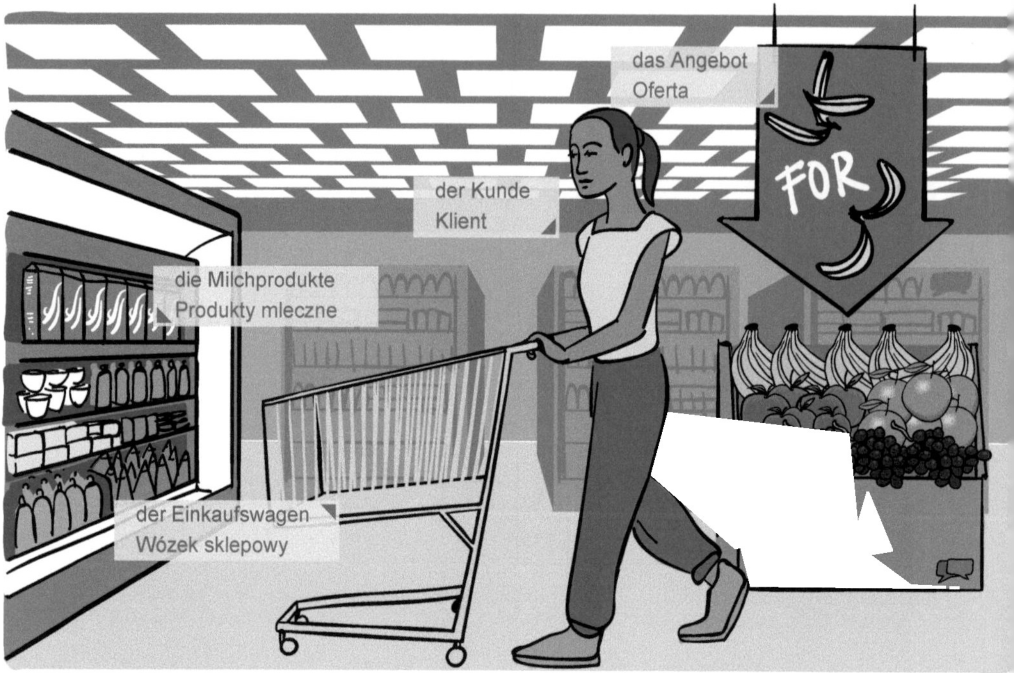

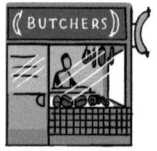

die Schlachterei

Rzeźnia

BAKERY

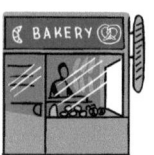

die Bäckerei

Piekarnia

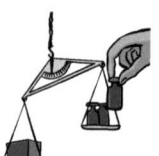

wiegen

ważyć

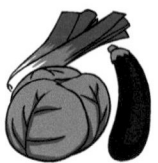

das Gemüse

Warzywa

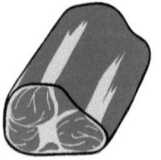

das Fleisch

Mięso

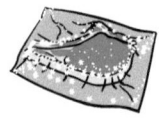

die Tiefkühlkost

Mrożonki

der Aufschnitt

Wędliny

die Konserven

Konserwy

das Waschmittel

Proszek m do prania

die Süßigkeiten

Słodycze

die Haushaltsartikel

Artykuły użytku domowego

das Reinigungsmittel

Środek czyszczący

die Verkäuferin

Sprzedawczyni

die Kasse

Kasa

der Kassierer

Kasjer

die Einkaufsliste

Lista zakupów

die Öffnungszeiten

Godziny otwarcia

die Brieftasche

Portfel

die Kreditkarte

Karta kredytowa

die Tasche

Torba

die Plastiktüte

Torebka plastikowa

das Wasser

Woda

der Saft

Sok

die Milch

Mleko

die Cola

Cola

der Wein

Wino

das Bier

Piwo

der Alkohol

Alkohol

der Kakao

Kakao

der Tee

Herbata

der Kaffee

Kawa

der Espresso

Espresso

der Cappuccino

Cappuccino

die Banane
....
Banan

der Apfel
....
Jabłko

die Orange
....
Pomarańcza

die Melone
....
Arbuz

die Zitrone
....
Cytryna

die Karotte
....
Marchew

der Knoblauch
....
Czosnek

der Bambus
....
Bambus

die Zwiebel
....
Cebula

der Pilz
....
Grzyb

die Nüsse
....
Orzechy

die Nudeln
....
Makaron

die Spaghetti

Spaghetti

der Reis

Ryż

der Salat

Sałatka

die Pommes frites

Frytki

die Bratkartoffeln

Ziemniaki pieczone

die Pizza

Pizza

der Hamburger

Hamburger

das Sandwich

Kanapka

das Schnitzel

Sznycel

der Schinken

Szynka

die Salami

Salami

die Wurst

Kiełbasa

das Huhn

Kura

der Braten

Pieczeń

der Fisch

Ryba

die Haferflocken

Płatki owsiane

das Müsli

Musli

die Cornflakes

Płatki kukurydziane

das Mehl

Mąka

das Croissant

Croissant

das Brötchen

Bułka

das Brot

Chleb

der Toast

Toast

die Kekse

Ciastka

die Butter

Masło

der Quark

Twarożek

der Kuchen

Ciasto

das Ei

Jajko

das Spiegelei

Jajko sadzone

der Käse

Ser

die Eiscreme

Lody

der Zucker

Cukier

der Honig

Miód

die Marmelade

Marmolada

die Nougat-Creme

Krem nugatowy

das Curry

Curry

Gospodarstwo chłopskie

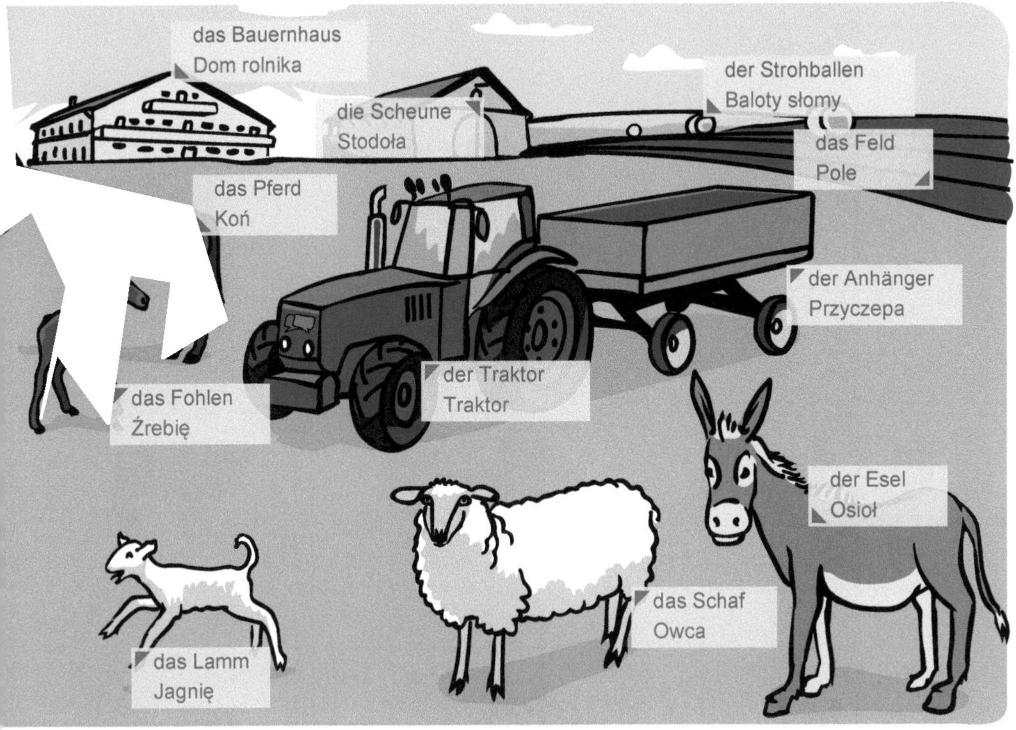
das Bauernhaus
Dom rolnika
die Scheune
Stodoła
der Strohballen
Baloty słomy
das Feld
Pole
das Pferd
Koń
der Anhänger
Przyczepa
der Traktor
Traktor
das Fohlen
Źrebię
der Esel
Osioł
das Schaf
Owca
das Lamm
Jagnię

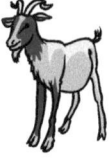

die Ziege

Koza

die Kuh

Krowa

das Kalb

Cielę

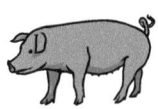

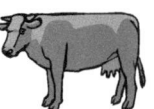

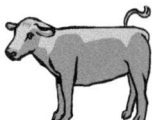

das Schwein

Świnia

das Ferkel

Prosię

der Bulle

Byk

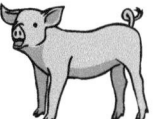

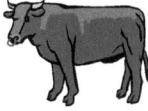

die Gans

Gęś

die Ente

Kaczka

das Küken

Kurczątko

das Huhn

Kura

der Hahn

Kogut

die Ratte

Szczur

die Katze

Kot

die Maus

Mysz

der Ochse

Osioł

der Hund

Pies

die Hundehütte

Buda dla psa

der Gartenschlauch

Wąż ogrodowy

die Gießkanne

Konewka

die Sense

Kosa

der Pflug

Pług

die Sichel

Sierp

die Hacke

Graca

die Mistgabel

Widły

die Axt

Siekiera

die Schubkarre

Taczka

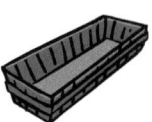

der Trog

Koryto

die Milchkanne

Kanka na mleko

der Sack

Worek

der Zaun

Płot

der Stall

Stajnia

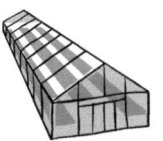

das Treibhaus

Szklarnia

der Boden

Ziemia

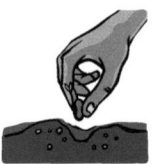

die Saat

Nasiona

der Dünger

Nawóz

der Mähdrescher

Kombajn zbożowy

ernten

zbierać

die Ernte

Żniwa

die Yamswurzel

Podchrzyn

der Weizen

Pszenica

das Soja

Soja

die Kartoffel

Ziemniak

der Mais

Kukurydza

der Raps

Rzepak

der Obstbaum

Drzewo owocowe

der Maniok

Maniok

das Getreide

Zboże

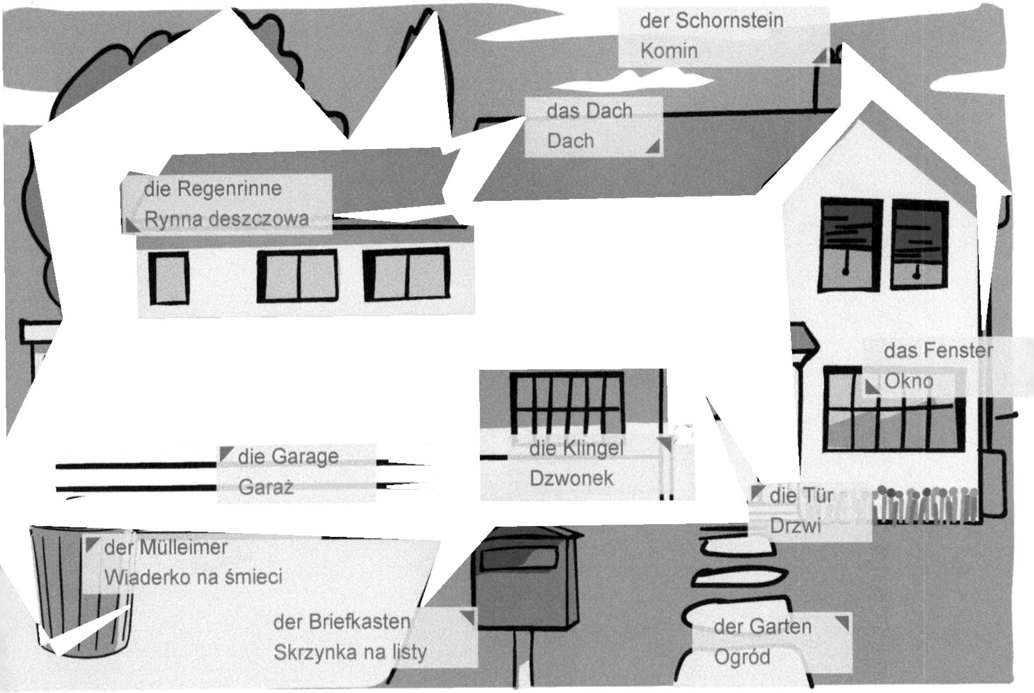

der Schornstein
Komin

das Dach
Dach

die Regenrinne
Rynna deszczowa

das Fenster
Okno

die Garage
Garaż

die Klingel
Dzwonek

die Tür
Drzwi

der Mülleimer
Wiaderko na śmieci

der Briefkasten
Skrzynka na listy

der Garten
Ogród

das Wohnzimmer

Pokój dzienny

das Badezimmer

Łazienka

die Küche

Kuchnia

das Schlafzimmer

Sypialnia

das Kinderzimmer

Pokój dziecięcy

das Esszimmer

Jadalnia

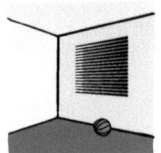

der Boden

Ziemia

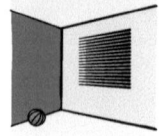

die Wand

Ściana

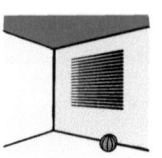

die Decke

Koc

der Keller

Piwnica

die Sauna

Sauna

der Balkon

Balkon

die Terrasse

Taras

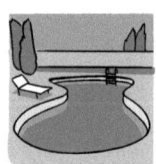

das Schwimmbad

Basen

der Rasenmäher

Kosiarka do trawy

der Bettbezug

Poszwa

die Bettdecke

Kołdra

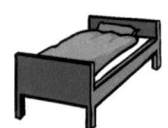

das Bett

Łóżko

der Besen

Miotła

der Eimer

Wiadro

der Schalter

Włącznik

Pokój dzienny

die Tapete
Tapeta
das Bild
Obraz
die Lampe
Lampa
das Regal
Regał
der Schrank
Szafa
der Fernseher
Telewizor
die Blume
Kwiat
das Kissen
Poduszka
das Sofa
Kanapa
die Vase
Wazon
die Fernbedienung
Pilot

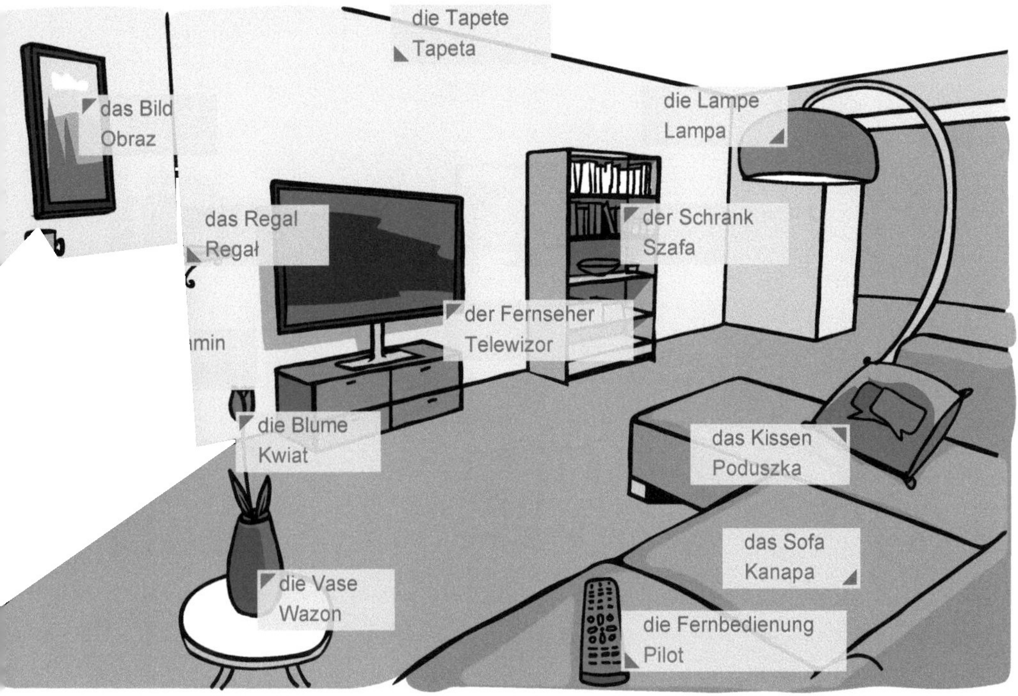

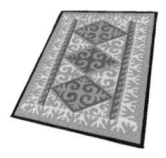

der Teppich

Dywan

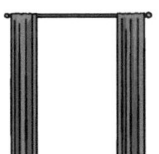

der Vorhang

Zasłona

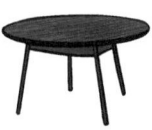

der Tisch

Stół

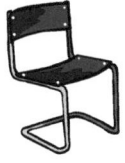

der Stuhl

Krzesło

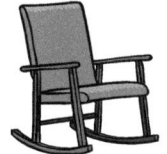

der Schaukelstuhl

Bujak

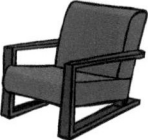

der Sessel

Fotel

das Buch

Książka

die Decke

Sufit

die Dekoration

Dekoracja

das Feuerholz

Drewno kominkowe

der Film

Film

die Stereoanlage

Instalacja stereo

der Schlüssel

Klucz

die Zeitung

Gazeta

das Gemälde

Malunek

das Poster

Plakat

das Radio

Radio

der Notizblock

Notatnik

der Staubsauger

Odkurzacz

der Kaktus

Kaktus

die Kerze

Świeczka

der Kühlschrank
Lodówka

die Mikrowelle
Kuchenka mikrofalowa

die Küchenwaage
Waga kuchenna

der Toaster
Toster

das Reinigungsmittel
Środek czyszczący

der Backofen
Piekarnik

das Gefrierfach
Przegródka zamrażalnika

der Mülleimer
Wiaderko na śmieci

der Geschirrspüler
Zmywarka do naczyń

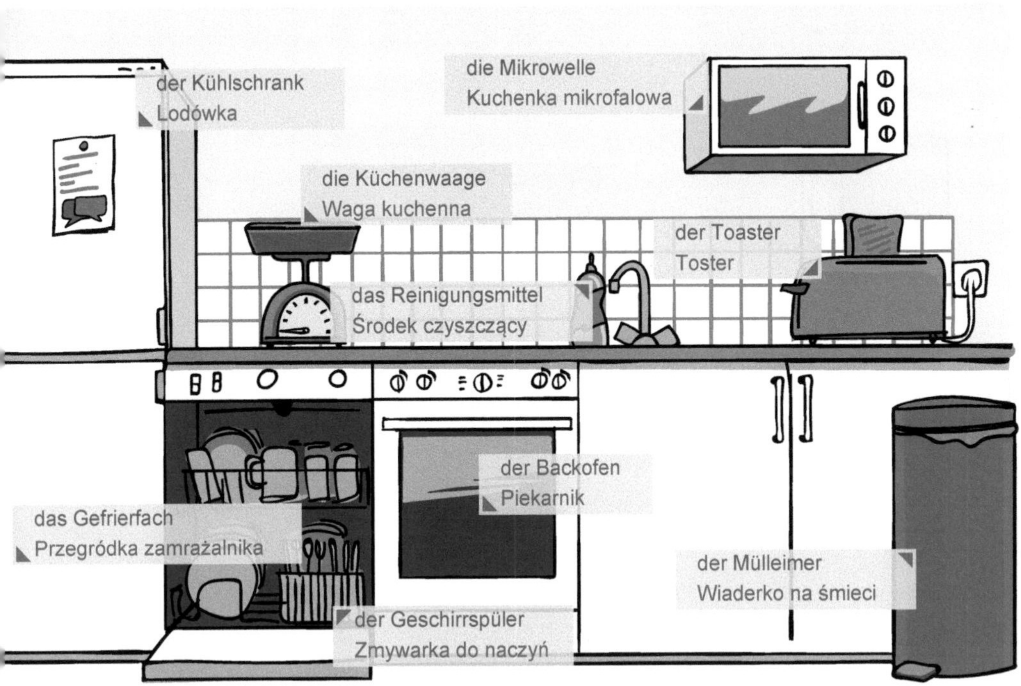

der Herd

Kuchenka

der Topf

Garnek

der Eisentopf

Kocioł żeliwny

der Wok / Kadai

Wok / Kadai

die Pfanne

Patelnia

der Wasserkocher

Czajnik

der Dampfgarer

Parowar

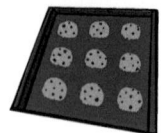

das Backblech

Blacha do pieczenia

das Geschirr

Naczynia kuchenne

der Becher

Kubek

die Schale

Miska

die Essstäbchen

Pałeczki

die Suppenkelle

Nabierka

der Pfannenwender

Łopatka do smażenia

der Schneebesen

Trzepaczka do śmietany

das Kochsieb

Cedzak

das Sieb

Sitko

die Reibe

Tarka

der Mörser

Moździerz

der Grill

Grillowanie

die Feuerstelle

Palenisko

das Schneidebrett

Deska

das Nudelholz

Wałek do ciasta

die Dose

Puszka

der Dosenöffner

Otwieracz do puszek

der Korkenzieher

Korkociąg

der Topflappen

Ściereczka do trzymania garnka

das Waschbecken

Umywalka

die Bürste

Szczotka

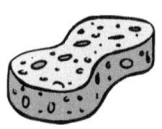

der Schwamm

Gąbka

der Mixer

Mikser

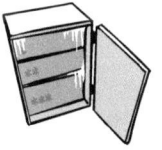

die Gefriertruhe

Zamrażarka

die Babyflasche

Butelka dla niemowlęcia

der Wasserhahn

Kran

die Heizung
Ogrzewanie

die Dusche
Prysznic

das Handtuch
Ręcznik

der Duschvorhang
Kotara prysznicowa

das Schaumbad
Płyn do kąpieli

die Badewanne
Wanna kąpielowa

das Glas
Szklanka

die Waschmaschine
Pralka

die Fliesen
Kafelki

der Wasserhahn
Kran

das Töpfchen
Nocnik

das Waschbecken
Umywalka

die Toilette

Toaleta

die Hocktoilette

Toaleta kuczna

das Bidet

Bidet

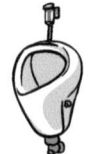

das Pissoir

Pisuar

das Toilettenpapier

Papier toaletowy

die Toilettenbürste

Szczotka toaletowa

die Zahnbürste

Szczoteczka do zębów

die Zahnpasta

Pasta do zębów

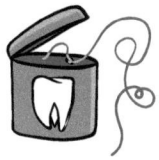

die Zahnseide

Nitki do czyszczenia zębów

waschen

myć

die Handbrause

Głowica prysznicowa

die Intimdusche

Płyn kąpielowy do higieny intymnej

die Waschschüssel

Miska do mycia

die Rückenbürste

Szczotka kąpielowa

die Seife

Mydło

das Duschgel

Żel prysznicowy

das Shampoo

Szampon

der Waschlappen

Rękawica kąpielowa

der Abfluss

Odpływ

die Creme

Krem

das Deodorant

Dezodorant

der Spiegel

Lustro

der Kosmetikspiegel

Lustro kosmetyczne

der Rasierer

Golarka

der Rasierschaum

Pianka do golenia

das Rasierwasser

Woda po goleniu

der Kamm

Grzebień

die Bürste

Szczotka

der Föhn

Suszarka do włosów

das Haarspray

Spray do włosów

das Makeup

Makijaż

der Lippenstift

Pomadka

der Nagellack

Lakier do paznokci

die Watte

Wata

die Nagelschere

Nożyczki do paznokci

das Parfum

Perfum

der Kulturbeutel

Kosmetyczka

der Hocker

Taboret

die Waage

Waga

der Bademantel

Szlafrok kąpielowy

die Gummihandschuhe

Rękawice gumowe

das Tampon

Tampon

die Damenbinde

Podpaska damska

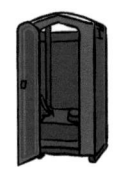

die Chemietoilette

Toaleta chemiczna

Pokój dziecięcy

der Wecker
Budzik
das Kuscheltier
Pluszowa przytulanka
das Spielzeugauto
Samochodzik
die Rassel
Grzechotka
das Puppenhaus
Domek dla lalek
das Geschenk
Prezent

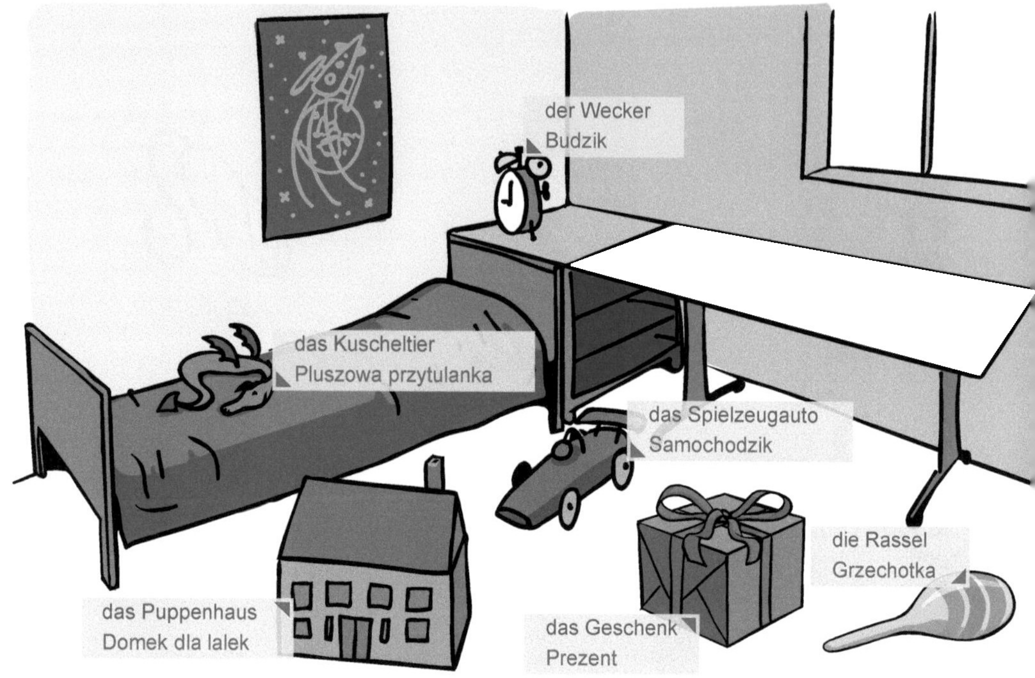

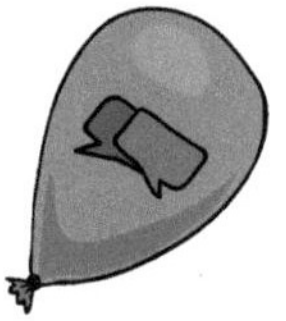

der Ballon

Balon

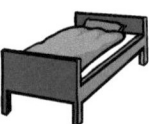

das Bett

Łóżko

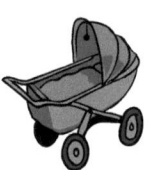

der Kinderwagen

Wózek dziecięcy

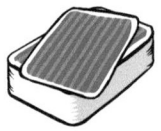

das Kartenspiel

Gra w karty

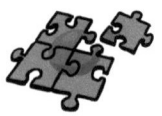

das Puzzle

Puzzle

der Comic

Komiks

die Legosteine

Klocki lego

die Bausteine

Klocki

die Action Figur

Action figura

der Strampelanzug

Śpioszek dziecięcy

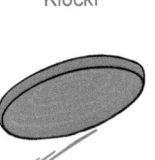

das Frisbee

Frisbee

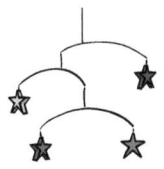

das Mobile

Zabawki ruchome

das Brettspiel

Gra planszowa

der Würfel

Kości

die Modelleisenbahn

Kolejka elektryczna

der Schnuller

Smoczek

die Party

Przyjęcie

das Bilderbuch

Książka z ilustracjami

der Ball

Piłka

die Puppe

Lalka

spielen

bawić się

der Sandkasten

Piaskownica

die Schaukel

Huśtawka

das Spielzeug

Zabawki

die Spielkonsole

Konsola do gier

das Dreirad

Rowerek trójkołowy

der Teddy

Pluszowy miś

der Kleiderschrank

Szafa ubraniowa

Ubiór

die Socken

Skarpety

die Strümpfe

Pończochy

die Strumpfhose

Rajstopy

der Schal
Szal

der Regenschirm
Parasol

das T-Shirt
T-Shirt

der Gürtel
Pasek

die Hausschuhe
Pantofle domowe

der Stiefel
Kozaki

die Turnschuhe
Obuwie sportowe

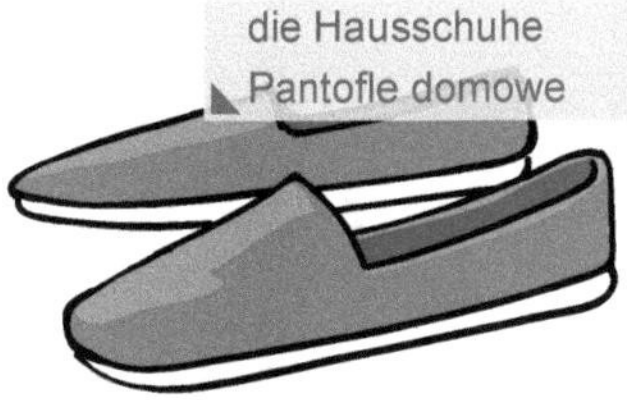

die Sandalen
Sandały

die Schuhe
Buty

die Gummistiefel
Kalosze

die Unterhose
Majtki

der Büstenhalter
Biustonosz

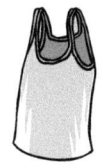

das Unterhemd
Podkoszulek

der Body

Body

die Hose

Spodnie

die Jeans

Dżins

der Rock

Spódnica

die Bluse

Bluzka

das Hemd

Koszula

der Pullover

Pulower

der Kapuzenpullover

Bluza sportowa

der Blazer

Marynarka

die Jacke

Kurtka

der Mantel

Płaszcz

der Regenmantel

Płaszcz przeciwdeszczowy

das Kostüm

Kostium

das Kleid

Sukienka

das Hochzeitskleid

Suknia ślubna

der Anzug
Garnitur męski

das Nachthemd
Koszula nocna

der Schlafanzug
Piżama

der Sari
Sari

das Kopftuch
Chusta na głowę

der Turban
Turban

die Burka
Burka

der Kaftan
Kaftan

die Abaya
Abaya

der Badeanzug
Strój kąpielowy

die Badehose
Kąpielówki

die kurze Hose
Krótkie spodnie

der Trainingsanzug
Dres sportowy

die Schürze
Fartuch

die Handschuhe
Rękawiczki

der Knopf

Guzik

die Brille

Okulary

das Armband

Bransoletka

die Halskette

Łańcuszek

der Ring

Pierścionek

der Ohrring

Kolczyk

die Mütze

Czapka

der Kleiderbügel

Wieszak

der Hut

Kapelusz

die Krawatte

Krawat

der Reißverschluss

Zamek błyskawiczny

der Helm

Kask

der Hosenträger

Szelki

die Schuluniform

Mundurek szkolny

die Uniform

Mundur

das Lätzchen

Śliniaczek

der Schnuller

Smoczek

die Windel

Pieluszka

der Server
Serwer

der Aktenschrank
Szafa na akta

der Drucker
Drukarka

das Papier
Papier

der Monitor
Monitor

die Maus
Mysz

die Tastatur
Klawiatura

der Papierkorb
Kosz na odpadki

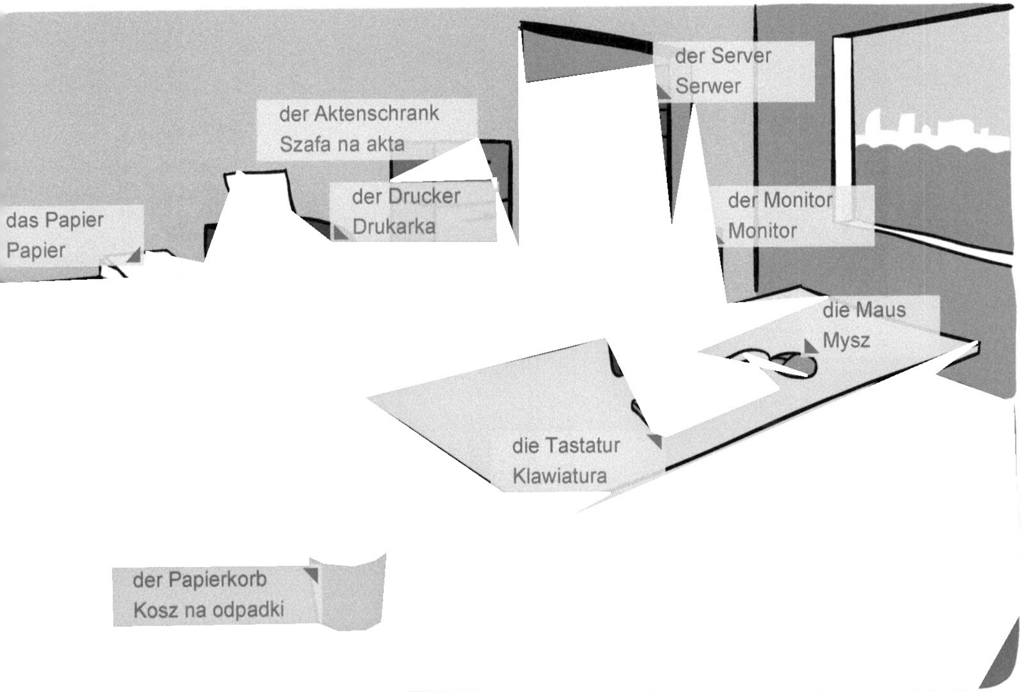

der Kaffeebecher

Filiżanka do kawy

der Taschenrechner

Kalkulator

das Internet

Internet

der Laptop

Laptop

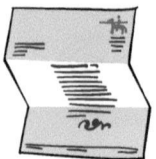

der Brief

List

die Nachricht

Wiadomość

das Handy

Komórka

das Netzwerk

Sieć

der Kopierer

Kopiarka

die Software

Oprogramowanie

das Telefon

Telefon

die Steckdose

Gniazdko

das Fax

Faks

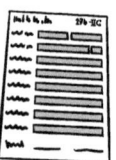

das Formular

Formularz

das Dokument

Dokument

kaufen

kupić

bezahlen

płacić

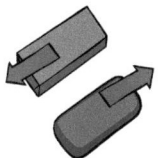

handeln

postępować

das Geld

Pieniądze

der Dollar

Dolar

der Euro

Euro

der Yen

Jen

der Rubel

Rubel

der Franken

Frank

der Renminbi Yuan

Juan Renminbi

die Rupie

Rupia

der Geldautomat

Bankomat

die Wechselstube

Kantor wymiany walut

das Gold

Złoto

das Silber

Srebro

das Öl

Olej

die Energie

Energia

der Preis

Cena

der Vertrag

Umowa

die Steuer

Podatek

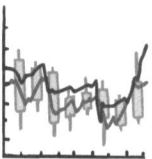

die Aktie

Akcja

arbeiten

pracować

der Angestellte

Pracownik umysłowy

der Arbeitgeber

Pracodawca

die Fabrik

Fabryka

das Geschäft

Sklep

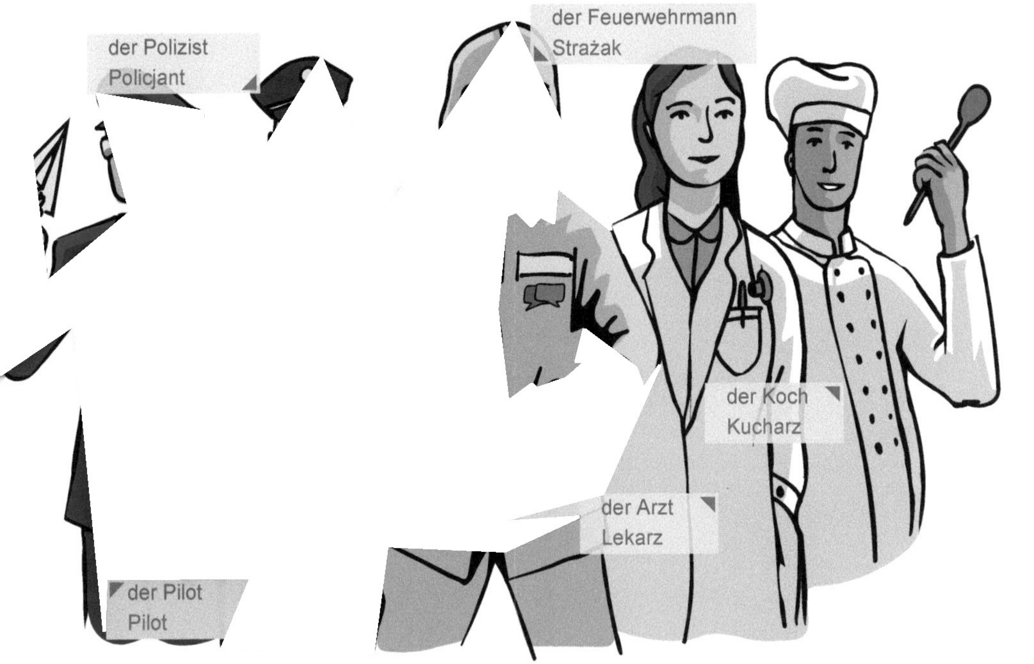

der Polizist
Policjant

der Feuerwehrmann
Strażak

der Koch
Kucharz

der Arzt
Lekarz

der Pilot
Pilot

der Gärtner
....
Ogrodnik

der Tischler
....
Stolarz

die Näherin
....
Krawcowa

der Richter
....
Sędzia

der Chemiker
....
Chemik

der Schauspieler
....
Aktor

der Busfahrer	der Taxifahrer	der Fischer
Kierowca autobusu	Taksówkarz	Fischer

die Putzfrau	der Dachdecker	der Kellner
Sprzątaczka	Dekarz	Kelner

der Jäger	der Maler	der Bäcker
Myśliwy	Malarz	Piekarz

der Elektriker	der Bauarbeiter	der Ingenieur
Elektryk	Robotnik budowlany	Inżynier

der Schlachter	der Klempner	der Postbote
Rzeźnik	Instalator	Listonosz

der Soldat
Żołnierz

der Architekt
Architekt

der Kassierer
Kasjer

der Florist
Florysta

der Friseur
Fryzjer

der Schaffner
Konduktor

der Mechaniker
Mechanik

der Kapitän
Kapitan

der Zahnarzt
Dentysta

der Wissenschaftler
Naukowiec

der Rabbi
Rabin

der Imam
Imam

der Mönch
Mnich

der Geistliche
Proboszcz

Narzędzia

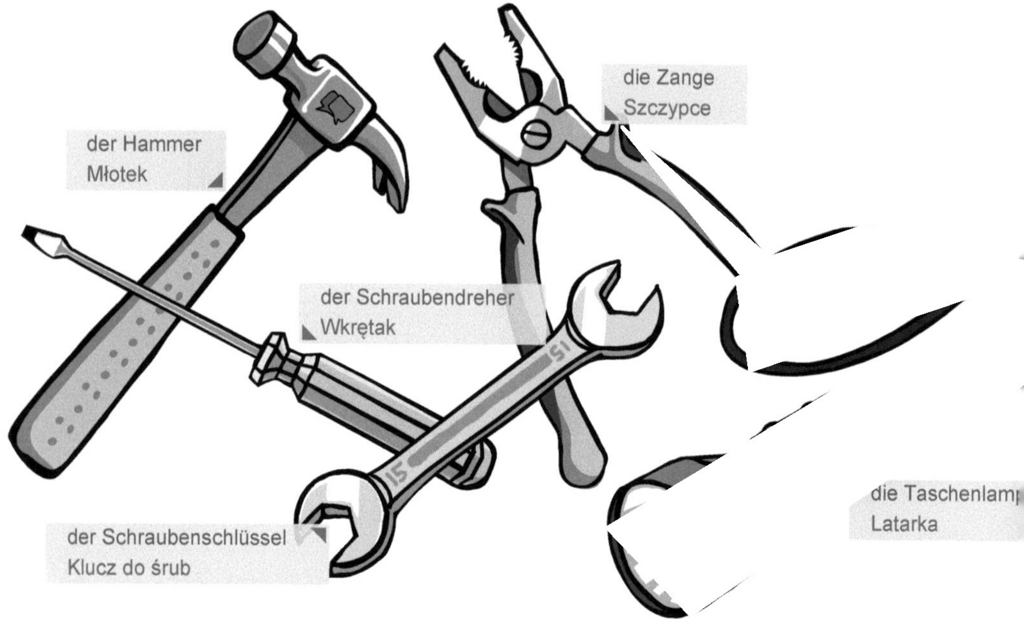
der Hammer
Młotek
die Zange
Szczypce
der Schraubendreher
Wkrętak
die Taschenlamp
Latarka
der Schraubenschlüssel
Klucz do śrub

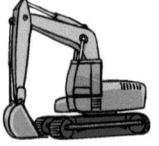

der Bagger

Koparka

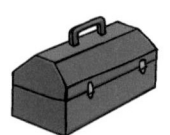

der Werkzeugkasten

Skrzynka narzędziowa

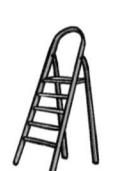

die Leiter

Drabina

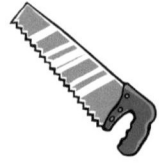

die Säge

Piła

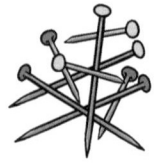

die Nägel

Gwoździe

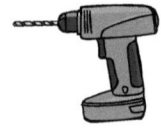

der Bohrer

Wiertło

reparieren
naprawić

die Schaufel
Łopatka

Mist!
Cholera!

das Kehrblech
Szufelka

der Farbtopf
Puszka z farbą

die Schrauben
Śruby

Instrumenty muzyczne

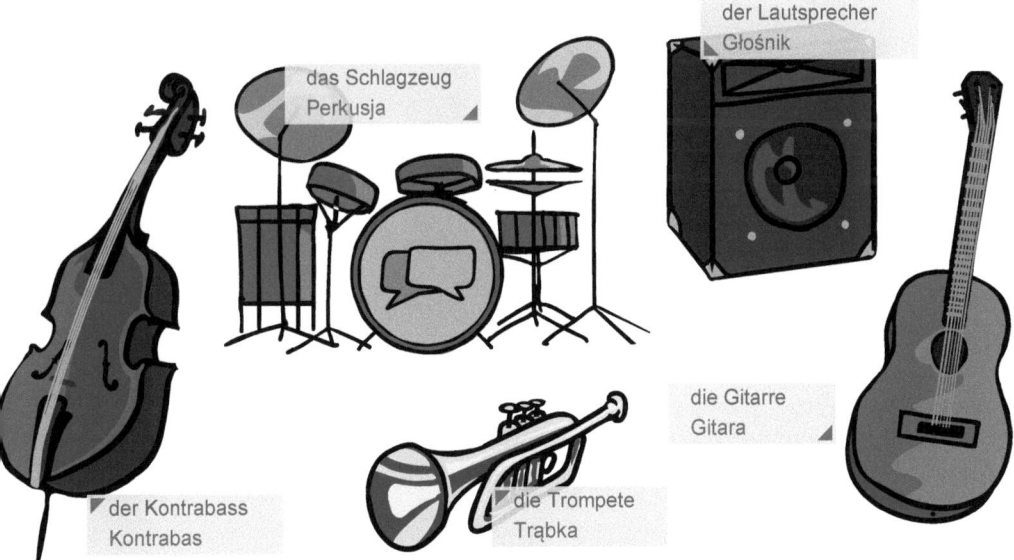

der Lautsprecher
Głośnik

das Schlagzeug
Perkusja

die Gitarre
Gitara

der Kontrabass
Kontrabas

die Trompete
Trąbka

das Klavier

Pianino

die Violine

Skrzypce

der Bass

Bas

die Pauke

Kotły

die Trommeln

Bęben

das Keyboard

Keyboard

das Saxophon

Saksofon

die Flöte

Flet

das Mikrofon

Mikrofon

der Eingang
Wejście

der Tiger
Tygrys

der Käfig
Klatka

das Zebra
Zebra

das Tierfutter
Pasza

der Panda
Panda

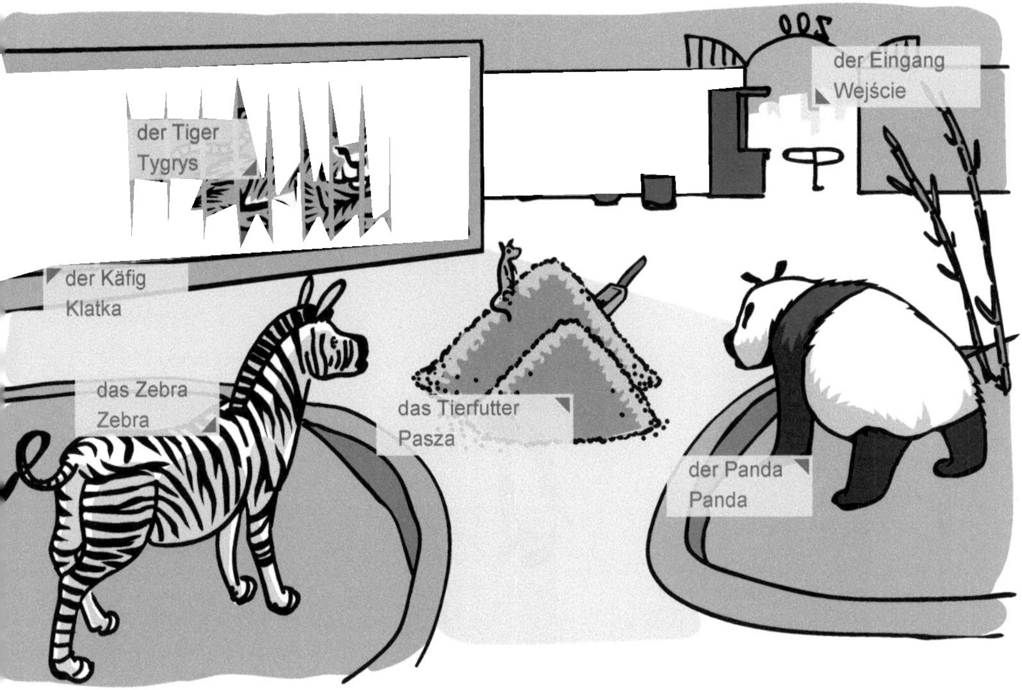

die Tiere
Zwierzęta

der Elefant
Słoń

das Känguruh
Kangur

das Nashorn
Nosorożec

der Gorilla
Goryl

der Bär
Niedźwiedź

das Kamel

Wielbłąd

der Strauß

Struś

der Löwe

Lew

der Affe

Małpa

der Flamingo

Fleming

der Papagei

Papuga

der Eisbär

Niedźwiedź polarny

der Pinguin

Pingwin

der Hai

Rekin

der Pfau

Paw

die Schlange

Wąż

das Krokodil

Krokodyl

der Zoowärter

Dozorca w zoo

die Robbe

Foka

der Jaguar

Jaguar

das Pony

Kucyk

der Leopard

Gepard

das Nilpferd

Hipopotam

die Giraffe

Żyrafa

der Adler

Orzeł

das Wildschwein

Dzik

der Fisch

Ryba

die Schildkröte

Żółw

das Walross

Mors

der Fuchs

Lis

die Gazelle

Gazela

der Zoo - Zoo

das American Football
Futbol amerykański

das Radfahren
Kolarstwo

das Tennis
Tenis

der Basketball
Koszykówka

das Schwimmen
Pływanie

das Boxen
Boks

das Eishockey
Hokej na lodzie

der Fußball
Piłka nożna

das Badminton
Badminton

die Leichtathletik
Lekka atletyka

der Handball
Piłka ręczna

das Skilaufen
Narciarstwo

das Polo
Polo

springen
skakać

lachen
śmiać się

umarmen
objąć

gehen
iść

singen
śpiewać

träumen
marzyć

beten
modlić się

küssen
całować

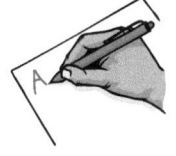

schreiben
....
pisać

zeichnen
....
rysować

zeigen
....
pokazywać

drücken
....
nacisnąć

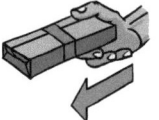

geben
....
dać

nehmen
....
wziąć

die Aktivitäten - Działania

haben

mieć

tun

robić

sein

być

stehen

stać

laufen

biegać

ziehen

ciągnąć

werfen

rzucać

fallen

spaść

liegen

leżeć

warten

czekać

tragen

nosić

sitzen

siedzieć

anziehen

zakładać

schlafen

spać

aufwachen

budzić się

ansehen

spojrzeć

weinen

płakać

streicheln

głaskać

kämmen

czesać się

reden

mówić

verstehen

rozumieć

fragen

pytać

hören

słyszeć

trinken

pić

essen

jeść

aufräumen

sprzątać

lieben

kochać

kochen

gotować

fahren

jechać

fliegen

latać

segeln
żeglować

rechnen
liczyć

lesen
czytać

lernen
uczyć się

arbeiten
pracować

heiraten
wejść w związek małżeński

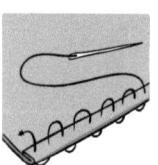

nähen
szyć

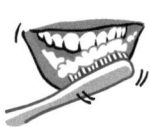

Zähne putzen
myć zęby

töten
zabić

rauchen
palić tytoń

senden
wysłać

e Großmutter
abcia

der Großvater
Dziadek

der Vater
Ojciec

die Mutter
Matka

das Baby
Niemowlę

die Tochter
Córka

der Sohn
Syn

der Gast
Gość

die Tante
Ciotka

der Onkel
Wujek

der Bruder
Brat

die Schwester
Siostra

die Stirn
Czoło

das Auge
Oko

die Schulter
Ramię

der Finger
Palec

das Gesicht
Twarz

das Kinn
Broda

die Hand
Ręka

die Brust
Pierś

das Bein
Noga

der Arm
Ramię

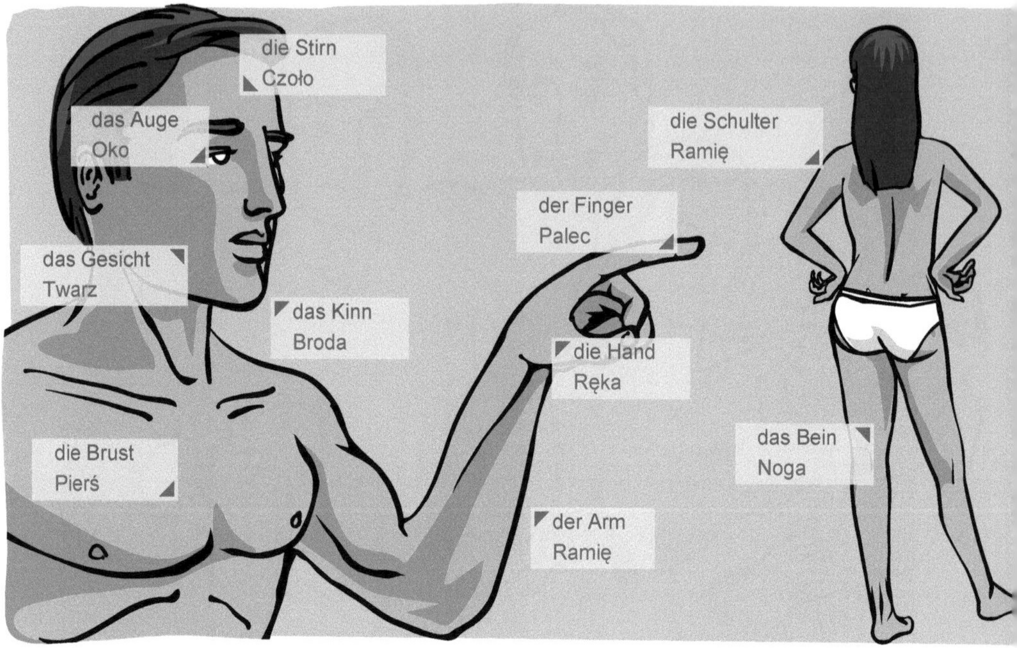

das Baby
Niemowlę

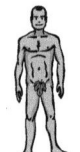

der Mann
Mężczyzna

die Frau
Kobieta

das Mädchen
Dziewczyna

der Junge
Chłopiec

der Kopf
Głowa

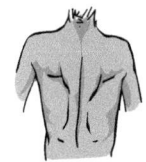

der Rücken

Plecy

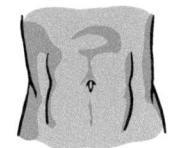

der Bauch

Brzuch

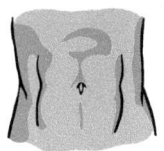

der Nabel

Pępek

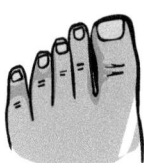

der Zeh

palec nogi

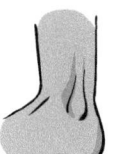

die Ferse

Pięta

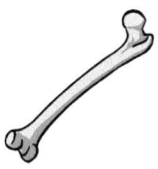

der Knochen

Kość

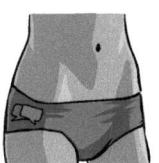

die Hüfte

Biodro

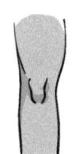

das Knie

Kolano

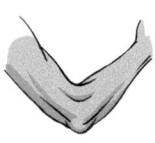

der Ellenbogen

Łokieć

die Nase

Nos

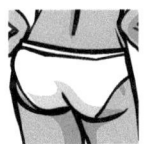

das Gesäß

Pośladki

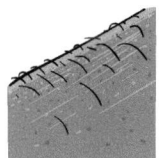

die Haut

Skóra

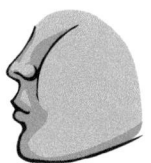

die Wange

Policzek

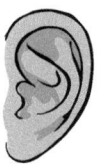

das Ohr

Uszy

die Lippe

Warga

der Mund

Usta

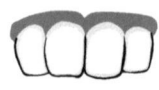

der Zahn

Ząb

die Zunge

Język

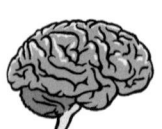

das Gehirn

Mózg

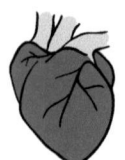

das Herz

Serce

der Muskel

Mięsień

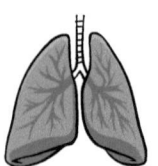

die Lunge

Płuca

die Leber

Wątroba

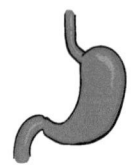

der Magen

Żołądek

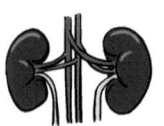

die Nieren

Nerki

der Geschlechtsverkehr

Stosunek płciowy

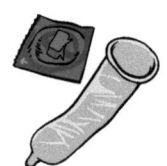

das Kondom

Kondom

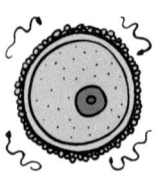

die Eizelle

Komórka jajowa

das Sperma

Sperma

die Schwangerschaft

Ciąża

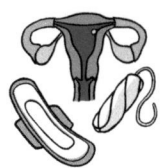

die Menstruation

Menstruacja

die Vagina

Wagina

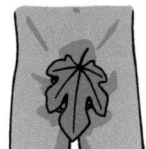

der Penis

Penis

die Augenbraue

Brew

das Haar

Włosy

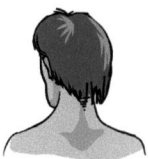

der Hals

Szyja

Szpital

das Krankenhaus
Szpital
der Rollstuhl
Wózek inwalidzki
der Bruch
Złamanie

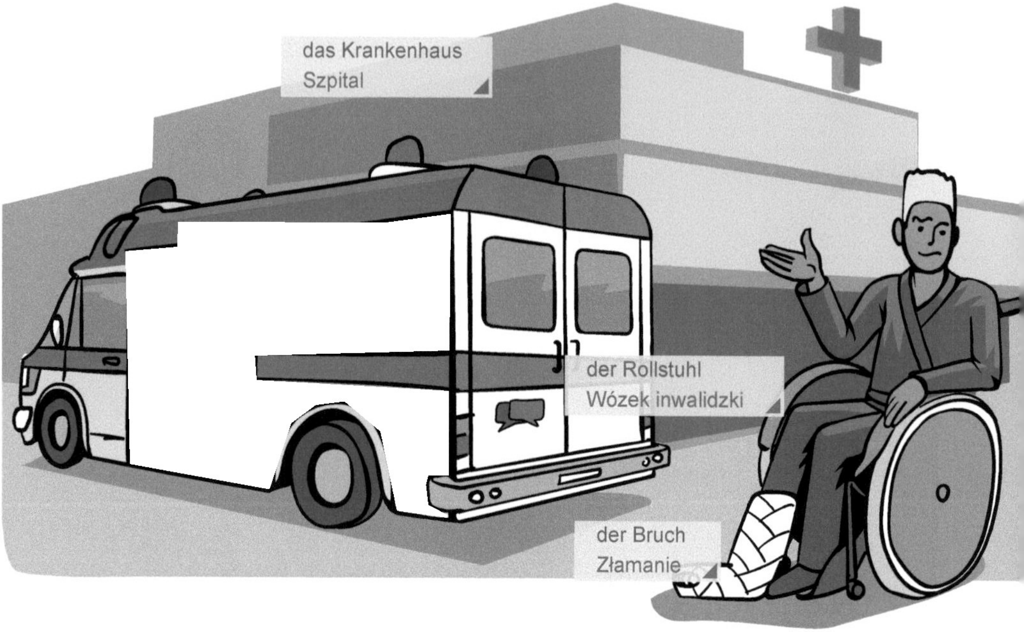

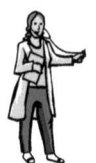

der Arzt

Lekarz

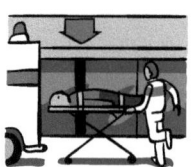

die Notaufnahme

Izba przyjęć

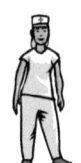

die Krankenschwester

Pielęgniarka

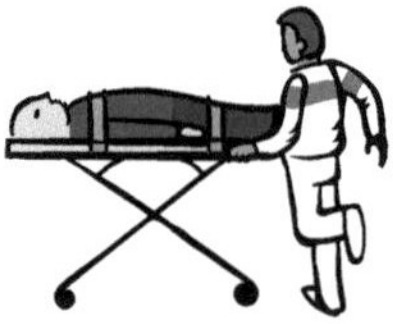

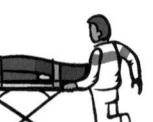

der Notfall

Nagły przypadek

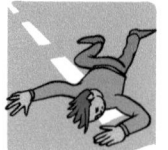

ohnmächtig

nieprzytomny

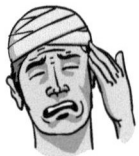

der Schmerz

Ból

die Verletzung

Skaleczenie

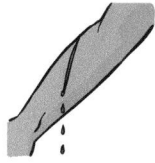

die Blutung

Krwawienie

der Herzinfarkt

Zawał serca

der Schlaganfall

Udar mózgu

die Allergie

Alergia

der Husten

Kaszleć

das Fieber

Gorączka

die Grippe

Grypa

der Durchfall

Biegunka

die Kopfschmerzen

Ból głowy

der Krebs

Rak

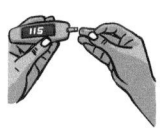

die Diabetis

Cukrzyca

der Chirurg

Chirurg

das Skalpell

Skalpel

die Operation

Operacja

das CT

CT

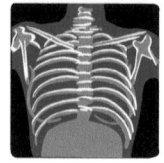

das Röntgen

Rentgen

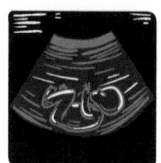

das Ultraschall

Ultradźwięki

die Maske

Maska

die Krankheit

Choroba

das Wartezimmer

Poczekalnia

die Krücke

Kula

das Pflaster

Plaster

der Verband

Opatrunek

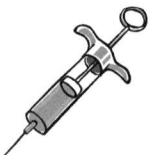

die Injektion

Iniekcja

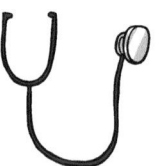

das Stethoskop

Stetoskop

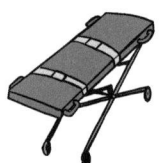

die Trage

Nosze

das Thermometer

Termometr

die Geburt

Poród

das Übergewicht

Nadwaga

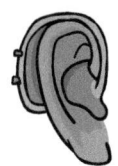

das Hörgerät

Aparat słuchowy

das Desinfektionsmittel

Środek dezynfekcyjny

die Infektion

Infekcja

das Virus

Wirus

das HIV / AIDS

HIV / AIDS

die Medizin

Medycyna

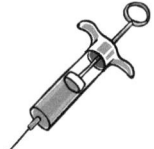

die Impfung

Szczepienie

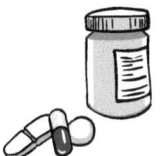

die Tabletten

Tabletki

die Pille

Pigułka

der Notruf

Telefon ratunkowy

das Blutdruck-Messgerät

Ciśnieniomierz krwi

krank / gesund

chory / zdrowy

Nagły przypadek

Hilfe!

Pomocy!

der Alarm

Alarm

der Überfall

Napad

der Angriff

Atak

die Gefahr

Niebezpieczeństwo

der Notausgang

Wyjście awaryjne

Feuer!

Pożar!

der Feuerlöscher

Gaśnica

der Unfall

Wypadek

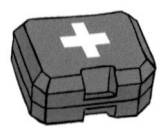

der Erste-Hilfe-Koffer

Walizeczka pierwszej
pomocy

SOS

SOS

die Polizei

Policja

das Europa

Europa

das Nordamerika

Ameryka Północna

das Südamerika

Ameryka Południowa

das Afrika

Afryka

das Asien

Azja

das Australien

Australia

der Atlantik

Atlantyk

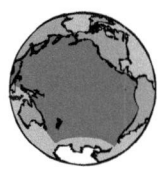

der Pazifik

Pacyfik

der Indische Ozean

Ocean Indyjski

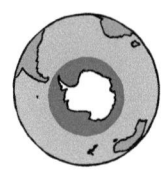

der Antarktische Ozean

Ocean Antarktyczny

der Arktische Ozean

Ocean Arktyczny

der Nordpol

Biegun północny

der Südpol

Biegun południowy

die Antarktis

Antarktyda

die Erde

Ziemia

das Land

Kraj

das Meer

Morze

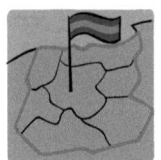

die Insel

Wyspa

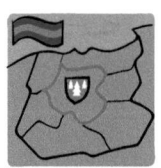

die Nation

Naród

der Staat

Państwo

das Zifferblatt

Cyferblat

der Stundenzeiger

Wskazówka godzinowa

der Minutenzeiger

Wskazówka minutowa

der Sekundenzeiger

Wskazówka sekundowa

Wie spät ist es?

Która godzina?

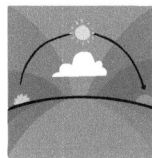

der Tag

Dzień

die Zeit

Czas

jetzt

teraz

die Digitaluhr

Zegarek digitalny

die Minute

Minuta

die Stunde

Godzina

Tydzień

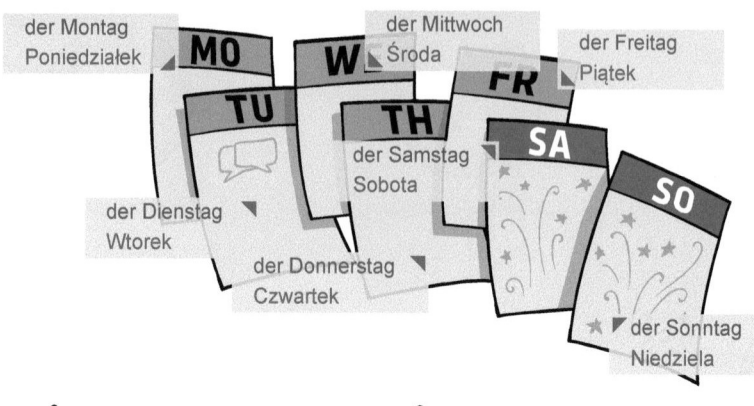

der Montag
Poniedziałek

der Dienstag
Wtorek

der Mittwoch
Środa

der Donnerstag
Czwartek

der Samstag
Sobota

der Freitag
Piątek

der Sonntag
Niedziela

gestern
....
wczoraj

heute
....
dzisiaj

morgen
....
jutro

der Morgen
....
Rano

der Mittag
....
Południe

der Abend
....
Wieczór

die Arbeitstage
....
Dni robocze

das Wochenende
....
Weekend

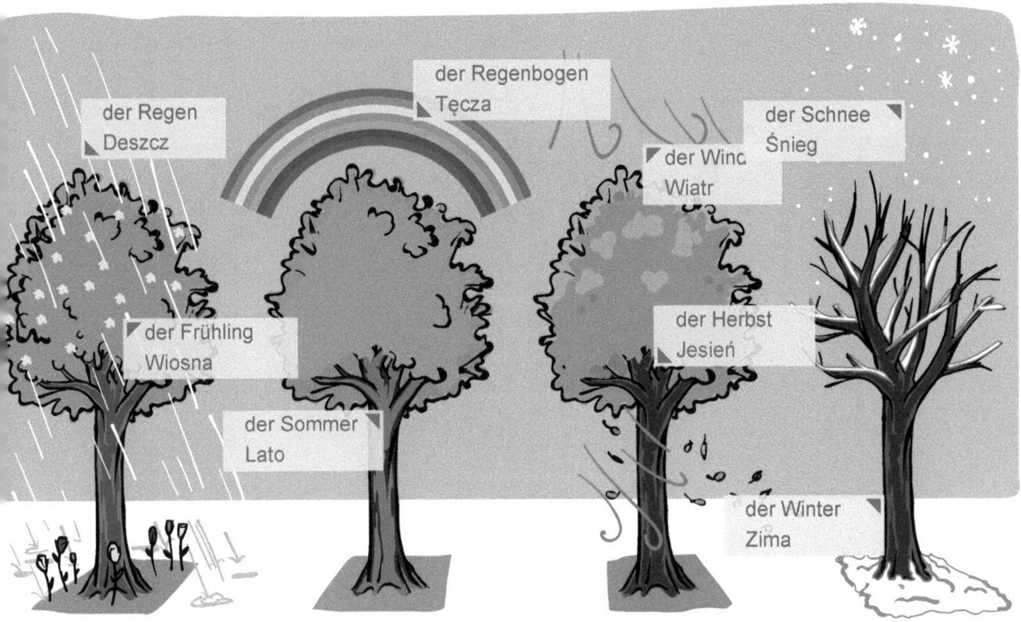

der Regen
Deszcz
der Regenbogen
Tęcza
der Schnee
Śnieg
der Winc
Wiatr
der Frühling
Wiosna
der Herbst
Jesień
der Sommer
Lato
der Winter
Zima

4.APRIL 11°
5.APRIL 4°
6.APRIL 13°
7.APRIL 8°
8.APRIL 10°

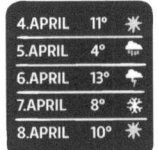

die Wettervorhersage

Prognoza pogody

F C
120 40
90 30
60 20
30 10
0 0
-30 -10
-20

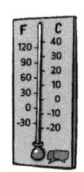

das Thermometer

Termometr

der Sonnenschein

Światło słoneczne

die Wolke

Chmura

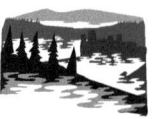

der Nebel

Mgła

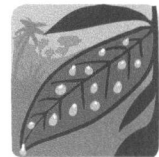

die Luftfeuchtigkeit

Wilgotność powietrza

der Blitz

Błyskawica

der Donner

Grzmot

der Sturm

Sztorm

der Hagel

Grad

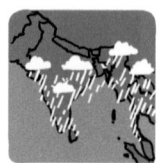

der Monsun

Monsun

die Flut

Potop

das Eis

Lód

der Januar

Styczeń

der Februar

Luty

der März

Marzec

der April

Kwiecień

der Mai

Maj

der Juni

Czerwiec

der Juli

Lipiec

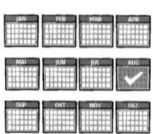

der August

Sierpień

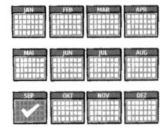

der September
Wrzesień

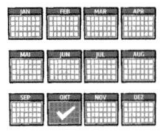

der Oktober
Październik

der November
Listopad

der Dezember
Grudzień

der Kreis
Koło

das Quadrat
Kwadrat

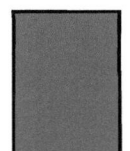

das Rechteck
Prostokąt

das Dreieck
Trójkąt

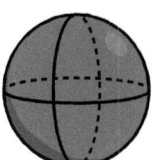

die Kugel
Kula

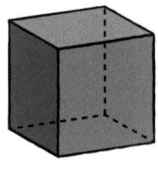

der Würfel
Sześcian

weiß
....
biały

gelb
....
żółty

orange
....
pomarańczowy

pink
....
różowy

rot
....
czerwony

lila
....
liliowy

blau
....
niebieski

grün
....
zielony

braun
....
brązowy

grau
....
szary

schwarz
....
czarny

viel / wenig

dużo / mało

wütend / friedlich

wściekły / spokojny

hübsch / hässlich

piękny / brzydki

der Anfang / das Ende

początek / koniec

groß / klein

duży / mały

hell / dunkel

jasny / ciemny

der Bruder / die Schwester

brat / siostra

sauber / schmutzig

czysty / brudny

vollständig / unvollständig

kompletny / niekompletny

der Tag / die Nacht

dzień / noc

tot / lebendig

umarły / żywy

breit / schmal

szeroki / wąski

genießbar / ungenießbar

jadalny / niejadalny

böse / freundlich

zły / uprzejmy

aufgeregt / gelangweilt

podniecony / znudzony

dick / dünn

gruby / chudy

zuerst / zuletzt

najpierw / na końcu

der Freund / der Feind

przyjaciel / wróg

voll / leer

pełen / pusty

hart / weich

twardy / miękki

schwer / leicht

ciężki / lekki

der Hunger / der Durst

głód / pragnienie

krank / gesund

chory / zdrowy

illegal / legal

nielegalny / legalny

intelligent / dumm

inteligentny / głupi

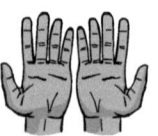

links / rechts

lewo / prawo

nah / fern

bliski / daleki

neu / gebraucht

nowy / używany

nichts / etwas

nic / coś

alt / jung

stary / młody

an / aus

włącz / wyłącz

offen / geschlossen

otwarty / zamknięty

leise / laut

cichy / głośny

reich / arm

bogaty / biedny

richtig / falsch

prawidłowy / błędny

rau / glatt

chropowaty / gładki

traurig / glücklich

smutny / szczęśliwy

kurz / lang

krótki / długi

langsam / schnell

powolny / szybki

nass / trocken

mokry/suchy

warm / kühl

ciepły / chłodny

der Krieg / der Frieden

wojna / pokój

0

null
....
zero

1

eins
....
jeden

2

zwei
....
dwa

3

drei
....
trzy

4

vier
....
cztery

5

fünf
....
pięć

6

sechs
....
sześć

7

sieben
....
siedem

8

acht
....
osiem

9

neun
....
dziewięć

10

zehn
....
dziesięć

11

elf
....
jedenaście

12
zwölf
....
dwanaście

13
dreizehn
....
trzynaście

14
vierzehn
....
czternaście

15
fünfzehn
....
piętnaście

16
sechzehn
....
szesnaście

17
siebzehn
....
siedemnaście

18
achtzehn
....
osiemnaście

19
neunzehn
....
dziewiętnaście

20
zwanzig
....
dwadzieścia

100
hundert
....
sto

1.000
tausend
....
tysiąc

1.000.000
million
....
milion

Englisch

Angielski

Amerikanisches Englisch

Angielski amerykański

Chinesisch Mandarin

Chiński mandaryński

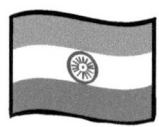

Hindi

Hindi

Spanisch

Hiszpański

Französisch

Francuski

Arabisch

Arabski

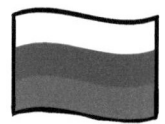

Russisch

Rosyjski

Portugiesisch

Portugalski

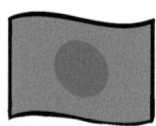

Bengalisch

Bengalski

Deutsch

Niemiecki

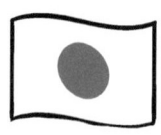

Japanisch

Japoński

ich
ja

du
ty

er / sie / es
on / ona / ono

wir
my

ihr
wy

sie
oni

wer?
kto?

was?
co?

wie?
jak?

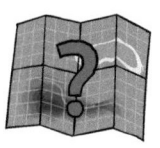

wo?
gdzie?

wann?
kiedy?

Name
Nazwisko

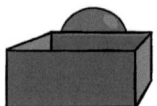

hinter
....
za

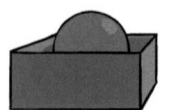

in
....
w

vor
....
przed

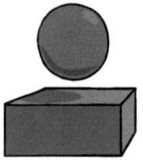

über
....
powyżej

auf
....
na

unter
....
pod

neben
....
obok

zwischen
....
między

der Ort
....
Miejsce